JN438906

바타비아Batavia 선禪

형상시인선 20

바타비아Batavia 선禪

김주명 시집

북랜드

自序

인도네시아에 살면서
떠오르는 해를 바라보는 일이 많아졌습니다.

떠오르는 해를 오래, 아주 오래 바라다보면
발리, 낀따마니 호수의 고요 속으로 빨려들기도
브로모 화산의 숨소리를 듣기도 했습니다.
보로부두루 사원의 머리 없는 부처님 위로
해는 떠올랐습니다.

제가 사는 린자니산 칼날의 능선 위에도
햇살은 거침없이 퍼져 나갑니다.
밀림의 초록 그늘을 찾아
햇살을 잠시 피해보기도 하지만
떠오르는 해는 저를 포기하는 법 없이
바라보고 있었습니다.

오래도록 바라본다는 건
진정 사랑하는 일입니다.

2018년 10월
—인도네시아의 작은 섬 롬복, 꼬빵마을에서

차례

1

2

3

4

□ 해설 | 김재구

1

바타비아 선禪

카페 바타비아 앞 광장
꼼짝도 않는 광대, 피터 팬

살아 있는 내내
묵언의 수행

누군가 왔다
누군가 떠나가는
스스로의 고립

관객이 모두 사라지면
스스로 풀리는

생의 형벌

* 바타비아Batavia : 동인도회사의 주요 거점인 순다 끌라빠항 주변을 바타비아로 개칭하고 네덜란드 식민지배의 중심에 두었다, 자카르타

워노소보행行 1

고원의 길은 가팔랐다 섬에서 또 섬이 된 사람들, 고르게 갈아엎은 밭고랑은 잘 포개진 이부자리 같다. 파스텔로 그림 그리다 잠든 어린 시절의 꿈도 매끈한 등고선이 되어 잘 감겨져 있다. 언제쯤 나도 저리 편히 누울 수 있을까

산다는 것은 어쩌면 배낭 하나 채우는 일이기도 하겠다. 두고 온 짐들이 뒷덜미를 더 무겁게 한다는 걸, 무엇이 나를 여기까지 몰고 왔나? 갑자기 차는 심하게 덜컹거렸고 그때야 알아챘다. 옆자리 모진 어깨뼈가 툭진 내 광대뼈를 지지하고 있음을 헝클어진 실타래처럼 풀리지 않는 도시의 원심력을 달래본다

* 워노소보Wonosobo : 디엥고원의 마지막 도시, 중부 자바

워노소보행行 2

이정표도 보이지 않는 적도와 남회귀선 사이를 구 인승 지프는 질주하고 있다. 미처 동굴을 빠져나오지 못한 박쥐들이 차 안에는 가득했고 더러 서로의 부리를 비비거나 남방의 향이 배인 날개를 꼭꼭 말아두기도 했다. 여전히 나는 비탈길에 걸린 알지 못하는 소리를 붙들고 있다. 모른다는 것은 위태함조차 모르게 하리라 말라카 해협을 넘나들던 악센트로 말을 걸어오는 사내. 감나무를 즐겨 심던 아버지의 주름만큼 깊게 패인 그의 쌍꺼풀을 따라 나의 언어도 어느새 해협을 따라 건너고 있다

워노소보행行 3

첫 새벽이 부화孵化하기 전, 고원은 바람에 날리는 자유 하나로 내려앉은 들풀의 세상이다 생의 절정의 터져버린 그래서 더는 돌아갈 곳이 없는 마그마가 파고든 눈물자리도 먼저 덮어버리는 게 풀들의 몫일까? 자바원인猿人시절부터 저 풀을 살찌웠을 붉은 강이 넘쳐났고 래프팅을 선전하는 광고판은 언제나 신이 났겠지

신神보다 한발 앞서 내린 듯 먼지가 쌓인 사원을 달리는 말발굽, 라마야나 경전처럼 울리는 오토바이의 큰 배기통, 큰 배기통만큼이나 지프에 매달린 큰 바퀴에도 신神은 공평하게 먼지를 나눠준다. 당신을 휩쓸고 간 자리에 어김없이 새겨진 먼지 같은 문명의 문신, 당신이 먼지만큼이나 가볍다고 먼지가 먼지를 업고 간다

워노소보행行 4

저인망에 걸린 물고기 비늘처럼 촘촘히 박힌 별빛도 멈칫멈칫 고원의 높이만큼 올라온 와류에 뒷덜미가 잡힌다 이 혼돈의 지체遲滯를 앞에 두고서 삶의 등고선 하나 더 오르려는 우리의 흥정이 무성영화 필름처럼 불안하게 돌아간다 나는 종일 이 불화산의 고원을 올라왔건만 할 수 있는 일이란 낮에 품었던 열기의 기억도 잊은 채 게스트 하우스에서 잠드는 것 문 앞에서 비밀번호를 누르는 습관도 이내 잠이 들었고 주인장의 숙박부 펼치는 소리, 내 이름을 '게스트Guest'라 적는 펜이 흘러가는 소리가 붉은 자막으로 깔리는 마지막 행行

워노소보행行 5

내가
나도 모르는 시간에
누군가 나를 위해 기도하였고

내가
나도 모르면서
당신을 사랑한다고 덜컥
주저앉아버렸답니다

울음이 멈춰버린 디엥
고원高原에서의
할喝

순다의 노래

오래된 자카르타 순다항 포구
왕국의 흥망을 넘나들던 목선들이
먼 항해로 지친 듯
옆구리 맞대고 웅크린 채
잠들어 있다

뱃길 내내 품고 왔던 원죄原罪 같은 짐
햇살 검게 그을린 사내들 어깨를 빌려
내려놓는다

빈 배로는
먼 바닷길 긴 파도를 넘을 수 없다는 걸
배가 되기 전
무성한 나무였던 시절
잎과 열매를, 뿌리마저 버리며
온전히 몸으로 익혔을 터

시린 이빨의 틈새처럼 벌어진 뱃전에서
자맥질을 마치고 막 올라오는 아이들
부끄럼 하나 없는 나신裸身에 묻어나오는

바람 까끄라기 몇
목줄 묶인 목선 끝에 걸려
내내 뒤척인

그날 오후

* 순다Sunda항 : 순다 끌라빠 항구, 16세기 술라웨시 고아왕조 시대 만들어진 '삐니시'라는 범선이 자바해를 통해 섬 전역을 항해하였다. 자카르타

뻐람바난 전殿

신神은
집을 짓지 않는다

우리는 집을 짓고 허물고 또
찾아낸다

신은
우리에게 퍼즐을 내지 않았다

우리는 신들의 퍼즐을 맞추고서
신들의 모임에 다가선다

파피루스 상형문자로 흩어진
그때는 신전神殿이었을 무수한 화산석
하나라도 잊어버리면 어쩌나
아직 못 맞춘 퍼즐 조각 마디마디
흰 수성페인트 꼼꼼히
기억할 순번
적어둔다

그대로 돌무덤이 된다
그래도 즐겁다

* 쁘람바난Prambanan : 9세기 중반 건축된 힌두사원, 족자카르타

브로모 상像 1

겨울 적도를 따라 발자국들이 길게 나 있다 길옆에는 구름보다 가벼운 에델바이스 위로 꽃비가 내리기 시작한다. 산을 오르는 만큼 마음 가늘어지는 길 위로 내리는 비, 산정山頂은 일제히 소리잔치다. 구구 날개 젖은 새벽 새만이 2천 미터 너머 날고 있고 지난밤 꿈에서 기다리겠다던 선자仙子의 약속은 행간에 끼어들 여지가 없다 이내 모래 강이 생겨나고 질척인다 발 디딜 때마다 마음 한 칸 비우는데도 이내 차오르는 것이 됫박 하나 마음도 안 되는가? 두 다리는 지프차 소리를 따라가고 가슴으로는 숨이 차올랐다 결 따라 오르는 길에 층층으로 지켜주는 나무 난간, 나무가 없는 이 산정에다 뿌리박고 버티고 있다

* 브로모Bromo : 인도네시아 동부 자바의 활화산, 브라흐만Brahman에서 이름을 가져왔다고 전한다.

브로모 상像 2

이제부터다 비는 그치고 운무가 하늘로 오르고 있다 생의 꼭짓점마저 폭발로 잃어버린 자리 너머로 흩어졌던 구름들이 한데 몰려 출렁이는 구름바다, 멀리 인도양 바다로 빨려드는 듯 썰물이 되어 봉우리 언저리를 부여잡는다 해인海印의 바다, 그 바다가 지금 내 눈앞에서 일렁이고 있다

깨달음의 경계 같은 난간을 붙들고 있다 여기까지 가져온 동굴에서의 욕망이 발목을 부여잡지만 이번에는 그냥 있자 신神의 자리에 서고자 활화산의 가스 연기만큼 꾸역꾸역 올라오는 사람들이 이니스프리의 섬처럼 떠 있고 언제 터질지 모르는 분화구를 품은 칼데라가 꿈틀거리며 내미는 손, 참으로 따뜻하다

보로부두르 단壇 1

운전을 하면서 풀리지 않는 숙제가 생기면 늘 대왕암 바닷가를 찾았다 추령고개 너머 등 푸른 설렘의 바다, 대종천 따라 김포가도甘浦佳道가 그 바다로 빠져들 무렵 우뚝 솟은 두 탑은 천년을 오늘처럼 살고 있다 대왕암 자갈 아래 파도에 쓸리지나 않을까 가져간 숙제는 꼭꼭 묻어두고 고개 너머로 떨어지는 햇살 따라 두 탑을 등에 업던 많았던 날,

수미산의 세계에 들어선다 전자회로기판 길처럼 짜여진 무수한 돌만큼 회랑 벽면에 살아 새김 한 무량한 설법을 적도의 태양이 달군다 여기까지가 전생이고 저기까지가 현생이다 한 바퀴를 돌아도 현생이 전생이다

어떻게 읽어야 하나?
어떻게 전해야 하나?

* 보로부두르Borobudur : 8 ~ 9세기경, 케두평원에 건축된 불교사원, 중부 자바

보로부두르 단壇 2

머리가 없는 부처 앞에서
나는 말言을 잃어버렸다

한 무리 여행객들
단체사진의 배경으로도 멀쩡한 설법을
낯선 그림자로 가려서야 되겠는가
내가 물러서야지

뜨거워진 설법 탓일까
남겨진 빈 생수 페트병
찌그러졌거나 밟혔거나
뚜껑이 없거나 또는
상표가 없는

매표소를 나오자
둥지를 벗어난 새들이 비행을 시작한다

주차장까지 밀려나온
나의 머리
화산재 속에
천년을 더 묻어 두기로 한다

스마랑 기記

천 개의 문이 있다는 '라왕세우'
마지막 항해
타고 온 배를 뒤집어
지붕으로 엮어 올린 이방의 지혜를
올려다본다

해풍으로 삭아 내리고 떨어져 나가
오랜 항해의 얼룩이 될 법한 자국들
화려하게 깁스된 채 누워있다

더는 돌아갈 배가 없으니
먼 바다 파랑주의보도
두렵지 않으리라

한때는 돛을 달아 두었을 자리
적도에 걸린 어제를 되새김질하듯
금속제 팬이 만들어내는
바람의 파문, 느리게 느리게
천 개의 문으로 빠져나간다

티크목으로 잘 짜인 격자문 손잡이
곧 지워질 수도 있겠지만
지문 자국 하나 더
얹어둔다

* 라왕세우Lawang Sewu : 17세기, 네덜란드 식민지배 시절, 스마랑 항구의 도심에 세워진 건물, 철도청의 본청으로 사용되었고 한다, 중부 자바

사모시르 1

기다림이 깊어지면 호수가 되겠다고
다나우 토바
그래서 너도 호수가 되었는가?

사랑하는 이에게 사랑한다는 말 제대로 못 했고
기다리는 이에게 먼저 다가서지 못한 날
고마웠던 이에게 고맙다는 말조차 못 한
그 후회의 날들
넉넉한 과녁 같은 호수가 되어
빗나간 삶의 화살을 모두 빨아들인다

정신 차리고 돌아보면 모두가 별
떠나갈 사람이 되어 어깨 서로 맞댄 수초처럼 무성하다
돌멩이 몇 개 던져본다
물의 깊이를 가늠하려는 얕은 생각엔 벌써
산란기의 잉어가 뒤척이고

낯선 사랑은 운명적이란 이유도
살다 보니 더는 낯설지 않다는 변명도
집을 나온 부빙처럼 떠돌다

호수에 잠긴다

더 늦기 전에 그물을 던져야 하나?
더는 건져 올릴 게 있었던가?
물결칠 때마다 살아 오르는 서설 같은 거품이
달빛에 뭉개지고 있다

* 다나우 토바Danau Toba : 수마트라 북쪽, 해발 920m 지점에 화산활동으로 생겨난 칼데라 호수, 남북의 거리가 100㎞가 넘으며 호수 중앙에 있는 길이 약 50㎞, 너비 약 15㎞의 사모시르 섬이 있다. 최고 수심이 450m로 세계에서 가장 깊은 호수로 알려져 있다.

사모시르 2

흘러가다 보면 길이 있다기에
물끄러미 닿은 섬에 종일
비가 내린다

나도 살아 버틸 수 있다고 적도 한가운데 걸린 침엽수림
위로 빗방울은 쪼개지고 또 쪼개지기를 억만 번
먼 생의 종착점을 알기라도 한 듯
한 톨 미련 없이 호수로 빨려든다

여백으로 묻어 두었던 일상이 부풀어 오른다
쉼 없이 이방인을 실어 나르는 유람선이 지날 때마다
잠든 줄 알았던 발목 힘줄이 불뚝 솟는다
쉽사리 오르지 못할 잉어등에 나 용케도 올라탔으니
호수에 잠긴 용궁에다 내려줄 수도 있겠다는 생각이
스크루를 따라 수면 위에 퍼져 나간다

이때쯤 생의 모서리에 묶인 끈을 좀 놓아도 되겠지
흙내음이 굼실굼실 피어난다

오늘만은 향香 피울 작은 단壇을 허락받고 싶다

향 내음 스며든 몸
피어올라 흘러가리라
소금꽃 가득한 구름 한 자락 잡아다
북회귀선 너머 다음 행성으로*

* 박윤배 시인의 詩에서

빠쭈자위

— 신新 심우도 2

딱, 3초
이 질펀한 놀이의 끝
소는 왜 달려야 하는지
꾼은
왜 꼬리를 붙잡아야 하는지
왜 꼬리를 깨물어야 하는지

나는 왜 조바심이 나는지
이유가 분명치 않은 삶이
바지랑대 같은 야자수 아래 모여 있다

"우리, 어디로 갈까요?"

딱, 3초
이제 탯줄 같은 꼬리를 놓아야 할 때
소는 이미 서쪽으로 달렸고
무논에 아무렇게 헝클어진 절망을
딛고 일어서는 사내

소를 넘어
소를 찾아서

* 빠쭈자위Pacu Jawi : 서부 수마트라 지역의 전통놀이, 물을 댄 논에서 두 마리 소의 꼬리를 잡고 달리는 경주이다.

낀따마니 혈穴

조등弔燈 같은 별빛이 켜지면
동굴의 외벽을 따라 난 길이 보인다

우리는 동굴의 막다른 곳
늘 닫아 두어야 했어

그리고는 새들이 남겨둔 마른 열매를 찾아다녔고
시베리아 독수리 앞에서는 골수를 숨겨야 했지

색으로 맛을 구분하는 종족은
점점 더 높은 가지로 올라야만 했어

떨떠름한 잎의 유혹과 불안감
강한 중독성을 견뎌야 했겠지 또는
이런 습성을 동굴에 두고 떠나기도 했을 거야

나는 어설픈 주술사
너를 남겨두고 동굴을 나갔지
그리고서 닿은 바다, 호수

가라앉지 않는 당신, 그림자
총총한 별빛에 떠밀려
물결의 층계를 밟고 있다

* 낀따마니Kintamani : 발리섬의 중앙 해발 1,500m 고원지대의 마을, 칼데라 호수인 '다나우바 뚜르'를 삶의 터전으로 하고 있다.

2

꼬송kosong

이제까지
있다 없으면 이곳에선
'꼬송'이라 한다

사실, 꼬송은 비었다는 뜻이다
비어있다는 공空의 철학이 바다 건너 먼저 왔을 수도
내 주머니도 텅 빌 때가 많으니
꼬송이 맞겠다, 그럼

채워지기 전까지도 꼬송이 될 수 있겠네

그렇다면 나는
갑자기 정전이 된 오늘 밤처럼
당신과의 느닷없는 이별을
텅 빈 기다림

'꼬송'이라 부르기로 하겠다

* 꼬송kosong : 인도네시아어

하루

바나나는 일생에 단 한 번
꽃 피운다

예배당에 걸린 검붉게 채색된
괘종 같은 꽃으로

합장의 두 손 모으듯
세상을 밀어낸다

나무가 되기를 거부하고
풀로 살기를 거부하고

아름답다는 그늘도 지운 채
칼날의 햇살 앞에 초록의 갑옷도
벗어 던진다

나를 베어낸다

한 번의 순종이거나
한 번의 순교

한 번의 꿈

캄보자꽃

— 라이언피쉬를 기다리며 1

툭,
망울째 떨어지는

더는 붙들고 있을 수가 없다고
그런 무게가 네게 있었나?

가만 너를 들어본다

손바닥에 놓고 훅
불어본다

날아간다 꽃이
당신이 있는 낮은 쪽으로

날아간다

중독中毒

— 라이언피쉬를 기다리며 2

안 된다며
바쁘지도 않으냐고 되묻는 강한 거절에는
중독성이 있다

독毒은 독毒으로 치료해야 된다며
답장으로 꼭꼭 손 내미는
이모티콘
안에서 늘 웃고 있는

크레바스를 닮은 그녀
입술

요가에 대한 짧은 보고서

마디와 마디 사이
간극을 늘이는 게
요가의 수련법이다, 마치
당신과 나 사이 존재했었던
종합선물세트 같은 감정을 부풀게 한 다음
둘 사이를 멀게 한다

그렇게 서로를 단련시키는 것이다

너무 멀게 하지도 않는다
그래서 요가는 선線이 되기도 한다
실핏줄 같은 선들을 타고
전두엽까지 도달한 통증은
깊은 강물처럼
내 마음을 몰고 다니기도

이때쯤 요가를 사랑이라 하자
통풍인 듯
스치기만 해도 아픈
그렇게 아프지 않는 사랑이 없듯

둘 사이 이는 바람이 잠잠해지나 싶으면 어느새
요가는 벌려놓는다

나를 단련시키고 있다

바다 요가

이때, 요가는 호흡이 된다
에메랄드빛 반듯이 깔린 밤하늘
구석구석에 박혀 별이 된 당신의 마음 한 자락
들숨으로 빨아들인다, 내뿜을 때는
폐부 깊숙이 깔린 화석처럼
가라앉은 감정의 뿌리까지 뽑아낸다

쉬 삭이지 못한 것들은 이내 턱턱
거친 숨소리로 걸리게 되고
이럴 땐 그대 호흡 위에다
내 심장 얹어 두기도

요가는 바다다
풀어내지 못한 사랑은 늘 중력을 가지는 법
밀물과 썰물의 바다처럼
들숨과 날숨의 요가는
사랑의 중력에 끌린다
당신을 당긴다

이제 놓아야 할 때임을 직감한다

차마 놓지 못하는 내가
은사시나무 떨리듯 서걱거릴 때쯤
요가는 입 닫고

창 닫고 만다

담배꽃

그리움 연한
박제된 꽃분홍 꽃

쓸 만한 잎들은 죄다
밥이 되고
새 옷이 되고
종잣돈이 되었다는데

너마저 연기가 되기를 꿈꾸는가?
그래도 남은 힘
알몸의 대궁으로 밀어 올린 꽃이여!

떠나보냄의 유전자 망울이 된 채
빈 들판 건기의 여백
풍장처럼 버무려지는
꽃의 간지럼

이슬 스타카토

이슬에 발목 젖는 일이 많아졌다

젖지 않고서는
당신에게 다가설 수 없음을, 하지만

이슬은
대수롭지 않다는 듯
사라짐의 미학이라도 되는 듯
흔적 남기는 일조차 없다

당신의 빈자리 찾아 더듬는 일
풀 같은 미련을 키우는 일이라고
딱 이슬만큼

풀이 자란다

* 스타카토 : 한 음표 한 음표씩 끊어서 연주하는 주법

행복은 어떻게 찾아오는가?

자카르타 예술 장터에서 만난 작은 의자
가로세로 높이가 한 뼘도 안 되는 아주 작은
그래도 타고난 종족이 의자임을 분명히 밝히듯
반 뼘의 등받이도 갖추고
벽보다 더 큰 캔버스를 사이에 두고 있다

저 작은 의자는
그래도 무엇인가를 받치고 있었을 터
내 엉덩이 반쪽도 지지 못하는데
주인장이 쪼그리고 앉아서 캔버스를 채웠을까?
차라리 수행修行에 가깝겠다
육감적인 구릿빛 미녀모델을 어쩌면 지탱했을 수도
그러기엔 미녀가 너무 불편하다, 표정이 살지도 않겠다
사방 아크릴물감의 얼룩으로 보아
쓰다만 물감이나 팔레트를 올려 두거나 팽개치기도 했겠다 싶은데

또 없을까?

빈 캔버스를 사이에 두고

쪼그려 앉았다
담배 하나 더 물기로 했다

내가 당신에 대해 생각하지 못한 게
또 없었나?

삼뿌르나
연기로 그려본다

* 삼뿌르나 : 인도네시아의 담배 이름

촉

버린 듯 던져둔
늙은 야자椰子
내가 포기한 껍질 뚫고 올라온

세상에서 가장 연한 칼날

남국의 너무 달빛 밝은 어제는
두고 온 그대 생각
날 선 빛으로 뚫고 나올까

온몸으로 이불 말아 둘둘
묻어 두었다

자폭自爆

눈물 한 방울
조차 떨어지지 않는 건기
끄트머리

떠나기 바쁜 길손님
휘익 돌아서는 날

기다렸다는 듯
풀은 꽃을 피우고
씨를 퍼뜨린다

그게 전부다

소리 공양供養

새벽부터 빗소리가 요란하다
내가 속한 곳이 우기의 단 하루라지만
우당탕탕 쏟아지는 비
여백으로 두었던 일상이 부풀어 오른다

본시 빗물은 소리를 품지 않았을 터
대체 저 많은 소리들은 어디서 왔을까
첫 키스의 혼미와도 바꿀 수 없는 새벽 단잠을
저들에게 내줄 수는 없는 노릇

정말 그랬을까
소리가 없는 저들이
소리를 가둔 당신을 만나니
이토록 요동치는 건가

내가 당신에게 다가설 때
심장 뛰는 소리마저 민망했는데
마치 저들은 모르는 듯
나를 젖게 하고 있다

이 소리를 모두 모아 사랑이라 적어두자
곧 있으면 당신이 깨어날 시간
먼 우주에서 단짝 찾아왔을 빗소리에
몸을 포개둔다

먼 산

가까운 산이 있나요?
아뇨, 없어요
딱 하나 있는 게 너무 높아
늘 구름 속에 있지요
가끔 아침 앵두이슬처럼 나타났다 사라지기도

산을
오를 수는 있지만
넘을 수는 없다네요
너무 가팔라
바람 한 자락 걸리지 않는 능선
오를 땐 오르막
내려올 땐 내리막밖에 없는
참 멋없는 산을
늘 앞에 두고 살지요

오늘도 산을 만났어요
산을 넘어서려는 마음이 바쁠수록
뼈 사이사이 연골은 마분지처럼 부석거리더군요
내가 그대를 돌아선 지 얼마였던가요?

이제 먼 산을 돌아서면
나의 배경이 되어줄까요, 마치 그대처럼?

오늘은 그대가 먼 산입니다

어떤 번제燔祭

사랑에도 쓸모의 한계가 있다는 걸
비닐봉지를 줍다가
알게 되었다

제 속 다 내주고 빈 껍질로 유랑하던
깃털만큼 가벼워져서
보란 듯이 쉬 날아오르며
마지막 날이라 부르는 순간

하나, 하나에 허리 숙여가며
이것이 마지막 보내는 자를 향한
예禮
그리고서 태운다

태워 보내지 않고서는
늘 내 주위를 서성이겠지
타다닥! 더 뜨겁게
붙잡을 수 없는 불길로
허공에다 길을 내는 것

오랜 미련을 뽑아내듯
주머니 속 달라붙은 꽁초까지
소각장의 불 속으로 던져둔다

사랑을 들이키다 울컥한 기억도
가볍게 날아간다

3

담배꽃을 사랑하는 사람들

1. 헤리

그는 못하는 게 없다
쌀, 담배 농사는 기본이고
땅이 가만 쉬는 걸 보질 못한다
낚시도 그만이다
나랑 꼭 같은 대나무 낚싯대지만
붕어만 한 고기를 잘도 낚는다
이곳에선 '닐라'라 부른다

아랍어 경전도 곧잘 읽어내린다
결혼도 했다
조숙한 아내와 한 살배기 아들
요즘 헤리가 더 바빠졌다
세 들어 사는 집이 팔렸다며
집을 짓고 있다
집을 짓고 있다고?
귀퉁이 돌아서는 땅에다
방 두 개, 거실 한 개
쉬었다 하지, 커피 한잔하쇼

오늘은 헤리가 가슴이 아프다며
담배 있소?
오전에 야자나무에 올랐는데
나무를 세게 껴안는 바람에
아직도 가슴이 아프다 했다

담배 연기 뭉개 피어오른다
헤리는 사랑도 그렇게 할 것이다

2. 수파르

사람들은 그를 싫어한다
아니, 무서워한다
금식을 안 지키는 것은 물론
늘 브럼*을 달고 다니며
돌 같은 직구로 남의 일에 간섭하니
그와 마주치면 밤길도 움찔!

말레이시아에서도 살았고 수마트라에서도 살았다

그때마다 아내와 아이가 있었고 지금은
혼자서 자유하고 있다, 일도 하지 않는다
그래도 남이 대충 하는 일은 그냥 못 본다
그때마다 사람들은 그에게서 멀어졌다
수군거리며 멀어졌다

요즘 그가 하는 일이라곤
오른쪽 가슴에 일찍 핀 꽃문신을 지우는 일이다
늘 자랑으로 달고 다니던
검고 탄력 있는 가슴 꽃을
지금은 돌로 빡빡 문지르며 칼로 긁어내고 있다
꽃잎이 한 잎 두 잎 사라진 자리에는 찔끔 게워내는 눈물도
이 꽃이 모두 지면
결혼을 약속한 그녀가 오기로 했다고 한다
그때는 가슴 속에 꽃을 피울 것이다

아프지도 않다 한다 그래서
사랑은 아프지 않을 것이다

* 브럼blum : 쌀과 야자열매 수액을 발효시켜 만든 인도네시아 롬복의 민속주, 막걸리와 비슷하다.

3. 젠

살면서 내 손으로 할 수 없는 것이 많아졌다
그럴 때마다 손재주가 남다른 '젠'을 찾는다

우선 이발 기술이 탁월하다
흔한 문방구가위 하나로
주변에 널린 무성한 생을 단번에 정리해버린다
조각은 거의 예술의 수준이다
당구 큐대도 직접 만들어 내기 게임으로 밤을 새는데
저러다 사랑은 언제나 할까
단단한 벽돌도 특별한 그의 마사지에 맥 못 춘다
기타 연주도 프로급이다
에릭 클랩튼의 '티어즈 인 헤븐'이 흘러나오면
젠이다
결혼도 했는데

십 년도 더 됐다는데
아직 아이가 없다
손에는 자신이 있지만
이는 '손'만의 문제는 아니겠다

지난해였다 어느 밤,
큐대도 기타도 내버리고
채 열흘도 안 된 피투성이 하나를 덥석 안고 나타났다
옆 동네 어느 처녀의 애라는 소문만 돌 뿐
아무도 묻지 않았다

요즘
젠의 손이 더 바빠졌다

4. 디안

그녀는 말띠 처녀 같다
우렁찬 목소리며 날렵한 몸매로
온 동네일을 펴다 날랐다

동네 사람들도 그녀를 제일 좋아했다
우리가 모르는 은근한 비밀도 달고 다니니
어떤 날은 야자나무도 깜짝 놀라 그만,
끌라빠를 떨어뜨리고 말았다

넉 달 전, 결혼도 미리 했다
웬 건장한 청년이 농사일 도우러 왔다기에
그런 줄로만 알았는데
그길로 줄곧 나처럼 처가살이하고 있다
아들이 없는 디안의 아버지는 좋았겠지만
줄줄이 달린 바나나는 벌써부터 웅성거렸다

남십자성이 모두 모인 그날 밤은 무척 길었다
별들이 서로 부딪치는지
디안의 목소리는 좀처럼 잠들지 않았고
목줄 묶인 송아지도 덩달아 날밤 새웠다
나도 별들의 언어에 귀 쫑긋
그날 이후 디안은 문 닫고 입 닫고 말았다
새신랑도 늘 일만 하는지 보이지 않았다

그리고 며칠, 마을에는 또 잔치가 벌어졌고
오늘은 디안이 내 옆에 앉았다
신랑은 어디 갔냐고? 눈만 말똥말똥 말이 없다
돈 벌러 갔다며 발리에, 다음 달이면 온다고
지나가던 구름이 귀띔해준다
그제야 디안이 빙긋이 웃었다
옹기종기 모인 파파야도 웃었다

그때부터 사랑은 파파야 같은
늘 푸른 기다림이 되었다고 한다

5. 수파르, 속편

'잉카'라는 열 살 소녀가 있다
수파르가 아버지다
말레이시아에서 돌아올 때 함께 왔다고 한다
하지만 둘은 같이 살지 않는다
수파르는 자유하고 잉카는 장모님이랑 산다
장모님이 수파르의 이모가 되니 나랑도 엮이게 생겼다

잉카는 말이 없다
하지만 사람들은 늘 '잉카'를 부른다
잉카, 빗자루
잉카, 재떨이
잉카, 잉카, 잉카…….
그래서 잉카는 총알을 탄 소녀가 되었다

오늘만 수파르가 신이 났다
남들은 안 입는 정장 차림이다
문신을 다 지웠나?
용꼴란의 들썩거리는 음악에
람바다와 곱사춤을 섞은 듯한 춤사위로 무희舞姬들을 웃겼다
동네가 한바탕 웃었다
수파르를 좋아하게 생겼다
나도 웃었고
바나나 나무도 너무 웃는 바람에 줄기가 꺾였다
잉카 혼자 엉엉 울었다

저녁도 안 먹고 엉엉 울었다

밤새 엉엉 울었다
잉카의 아버지는 수파르가 맞다!

6. 아만다

아직 돌도 안 된 갓난아이
내가 지어준 이름이다
'아만'은 평화이니 '아만다'는 모두 평화롭겠다
아만다의 엄마는 장모님의 둘째 딸이고
아빠는 수원역에서 처제 사진을 내게 보여줬으니
나랑은 둘도 없는 동서지간이 될 뻔했는데
둘은 작년에 이혼했다
만삭인 처형이 코흘리개 아들마저 데리고 친정으로 와 버렸다
여기까지가 이혼이고
남편이 다시 데려가면 결혼이 된다 하는데
아만다까지 태어났는데
데려가지도 않았고 따라나서지도 않았다

아만다는 눈이 참 크다
엉덩이에 푸른 반점도 있다
피부도 뽀얗고 볼도 탱글탱글한 게 금복주 모델감이다
한국 사람을 빼닮았다고
길 나서던 오리 가족이 한마디 거든다, 그런가?

잘 찐 잎담배 한 움큼 들고서 헤리가 찾아왔다
오랜만이다, 담배가 꼭 노오란 탱자 빛이다
올해 담배 맛은 어떨까 벌써 군침이 도는데
담배를 잘게잘게 썰면서 더 잘게 썰어야 된다며
기다리다 지친 망가나무 꾸벅
잠깐 졸았다 싶었는데 차창 너머로
늘 푸른 고향의 남산이 휙 지나갔다
상수리인가 자작이었던가 아차, 싶었는데
하얗게 하얗게
진달래가 피어 있었다

7. 빠짜맛

그의 진짜 이름은 '우단'이지만
사람들은 그를 '빠짜맛'이라 부른다
빠짜맛은 면장님이라는데 면장님도 아닌 그가
동네에서 제일 높은 곳에 산다고
동네 아이들까지 그렇게 부른다

그는 대장장이다
낫도 만들고 '빠랑'이라는 칼도 잘 만든다
망치질이 일품이라면 돌을 깨는 데는 명품의 반열이다
작년 우리 집 우물도 그가 팠는데
처음 파 본다는 우물을 십 미터나 넘게 팠고, 나는
삯 대신 그의 집으로 매일매일 물을 퍼주었다

일 년을 그렇게 잘 살았는데
건기의 골이 빠짜맛 팔뚝 힘줄처럼 불거진 날
새 우물을 파기 시작했다
동네에서 제일 높은 곳에다
망치하나 들고 우물을 판다고

울타리에 심어둔 부겐빌레아, 꽃잎까지 술렁거렸다

매일매일 돌 깨는 소리가 동네에 울렸고
오리 궁둥이만 한 돌에서 구들장만 한 돌까지 올라왔다
힘이 장사인가? 돌 깨는 비결이라도 있나?
입소문이 퍼져 나가자 그저 웃으며
돌을 살살 어루만지고 달래기만 하면
돌은 쩍쩍 갈라지며 자기를 맞이한다고 한다, 그럴 수도?

아직 물이 보이지 않는가 보다
한 달이 다 되어 가는데, 벌써 ?
망치 소리는 달빛을 타고 이어졌고
달래주고 어루만져주기를 기다리는 그의 아내
그림자가 우물 바닥까지 길게 더 길게 비치고

8. 수파르 2

수파르가 문신을 다 지웠는데
오기로 약속한 그녀는 오지 않았고

수파르는 큰길 입구에다 작은 구멍가게를 열었다
이곳에선 '와룽'이라고 하는
커피도 팔고 컵라면도, 담배도 파는 작은 가게
아침부터 밤까지 수파르가 지키고 있다

난데없는 수파르의 개업 소식에
뜬구름 잡는 일이라며
누가 수파르의 커피를 마시겠냐고
동네 옆 쭉쭉 늘어선 노란 대나무 잎이 삐쭉삐쭉

수파르의 돌직구가 없으니 동네는 한동안 평화로웠다
싶었지만 정작 내가 바빠졌다
낯선 닭들의 침범도 경계함은 물론
동네 이곳저곳을 치워야 했고
닭도 잡고 닐라*도 구워야 하는데
에라! 수파르 와룽에나 가볼까?

커피를 파는지, 누구를 기다리는지
지나가는 오토바이와 차들만 요란하다
문신을 지울 때는 아프지 않았는데

문신을 다 지우고 나니 아프다 한다
이제는 문신이 된 기억까지 지우려나?
오늘 장사는 여기까지다
문 내리고 담배 한 대 더 피우자

사랑하지 않으면 아프지 않을
그렇게 아프지 않을 사랑이 없다는 듯
온몸이 깨지고서야 별이 된다는 별똥별
성냥불처럼 휙 지나간 뒤

* 닐라 : 붕어와 비슷한 민물고기

9. 헤리 2

헤리가 말레이시아로 갔다
집도 다 지었는데
돈 벌어서 논을 사야 한다며
조숙한 아내와 아들을 남겨두고 두 달 전
말레이시아로 갔다

헤리가 떠나고 더 말이 없어진 그의 아내가
어느 날 나를 찾았다
문 안쪽 고리가 망가졌다며 고쳐 달라기에
그제야 나도 그 집 속내를 살펴보는데
고리가 망가진 게 아니라
아예 없었다
마치 헤리가 문고리였던 것처럼

새로 산 문고리를 달아주며
전화는 자주 오는지, 건강한지 겨우
묻는 말에만 답을 받아냈다
설라맛 띠두르* 막 나서려는데
헤리가 돌아오면 꼭 논을 산다고
논을 사서 담배를 심을 거라고
그리고는 쏙 들어가 버린 담배꽃

헤리가 키운 담배 맛은 어떨까?
건기의 빈 들판을 지키는 연분홍 담배꽃이
외롭다, 서럽다 생각했던 적도 있었지만
오늘 밤은 유난히 꽃분홍으로 환하다

* 설라맛 띠두르 : '안녕히 주무세요'의 인도네시아 밤 인사말

10. 띤

띤은 수파르의 여동생이다
오동통한 몸매에 늘 화장기 짙은 얼굴
타고난 유연성으로 사삭 민속춤 전수자를 자처하고
타고난 강인함으로 동네 못하는 일이 없다

결혼도 했고 이혼도 했다
남편이 말레이시아로 일하러 갔을 때
혼자서 친정으로 와 버렸다고만 할 뿐
더는 알지 못한다, 그래서 띤은
수파르의 옆집에 혼자 산다

띤은 야자나무처럼 꼿꼿했다
어떤 불편부당함도 그냥 넘기는 법이 없는 그녀
그렇다고 그녀가 동네 해결사는 아니나
조목조목 짚어가는 대목에서는

주렁주렁 달린 보름달만 한 오렌지도 말문이 딱!
그런 그녀가 수파르와 싸웠단다

내가 발리에 잠시 다녀온 어느 날, 수파르는
핫팬츠 같은 반바지 차림의 띤을 꾸짖었고
별로 '핫'하지도 않았던지
띤의 대꾸도 만만치 않았다고 했다
별과 별, 강 대 강의 대결에서
급기야 수파르는 띤의 뺨을 때렸고
띤은 방으로 들어가 엉엉 울었다 한다
그렇게 딱 하루, 밤새 울고 난 후
동네에서는 아무도 반바지를 입지 않는다

요즘도 수파르와 띤은 말이 없다
수파르가 와룽을 마치고 돌아오는 늦은 밤
띤의 집 앞을 지나다가 멈칫멈칫하는 걸
남십자성이 매일 보고 있다

11. 늉

백팔십 센티가 넘는 큰 키에 깡마른 체형
그런 그가 '젠똥(물통)'으로 불린다
전혀 물통처럼 보이지 않는데, 나만 그런가?

그는 담배 말리는 기술자다
잘 자란 담뱃잎을 건조장에 넣고
칠일 동안 장작불을 때며 말린다
칠일 동안 잠도 자지 않고 불 앞에 매달리다
칠일 동안 건조장을 식히면 그는
잠만 잔다

상처喪妻한 지 오 년이 넘었다 하는데
무남독녀 외동딸 아내를 업던 등으로
양가 부모를 업은 채, 에헤라 둥둥!
양쪽 어깨에 딸 하나씩 태우고도
그러고도 끄떡없다

동네 우물이 말라가기 시작하면

그는 담배를 말리기 시작한다
동네 사람들은 모두 알고 있다
제일 좋은 담배 맛은 그의 주머니에서 나온다는 걸
꼭 물통에 물만 담는 게 아니듯
그래서 젠통으로 불리는가? 하여간 그는
동네에서 제일 환대받는 유일한 홀아비로
잘 살아가고 있다

뜨거운 불도 잘 다루는 그가
결혼이야기만 나오면 얼굴 뜨겁게 붉히며 줄행랑
더 이상의 뜨거움이 싫은가?
아니, 뜨거움을 뜨겁게 간직하려나?
오늘 밤도 쪼그려 앉은 채 그는
춤추는 불 앞에서
홀로 관객이 된다

12. 빠만 껀뚱

우리 동네에서 제일 부지런한 할아버지

하지만 아직 그의 이름을 모른다
그저, '빠만 껀뚱'이라고 부를 뿐
'빠만'은 아저씨고 '껀뚱'은 방귀인데
그럼, 방귀아저씨?
왜 방귀아저씨인지 사람들에게 물어보면
까르르 넘어가는 웃음만 답이 된다

그는 소를 키우는 마법사다
하지만 딱 한 마리의 소만 키운다
비쩍 마른 소나 아픈 소를
이내 토실토실하게 만드니, 그래서일까?
그 집 가족들도 모두 망고형 체형으로
토실토실 소를 닮았다

풀이 말라가는 건기의 절정에도 그는
풀을 가득가득 망태기에 담아 온다
풀을 어디서 구하나 싶어도
혼자만의 비밀인 듯 알려주지도 않고
그 뻔한 비밀을 묻는 사람도 없다
하여간 그는 메고 나간 망태기에 풀이 가득가득 차지

않으면
결단코 돌아오는 법이 없다, 그래서 그는
단, 한 마리의 소만 키운다

사나흘 전부터 그가 들에 나가지 않는다
키우던 소가 팔렸다며
내내 담배만 물고
내 집 앞 테라스에
소처럼 웅크리고 앉아 있다

소가 앉아 있었다

13. 수파르－마지막 회

내일은 수파르가 네 번째 결혼하는 날
동네 사람들 모두 수파르 집에 모였다
와룽을 열고 나서 언제부터인가
세월을 곱게 접은 아낙네와 함께 커피도 담배도 팔았고
그 아낙네가 수파르의 부인이 된다고

수파르의 결혼 전력이 무용담처럼 입에 오르내린다

수마트라 부인 더 젊었다더라, 아니다
말레이시아 부인이 더 착하다더라
무성한 말들만 집 앞에 널린 부레옥잠 연보라
꽃처럼 피어날 뿐, 수파르의 아내를 본 건
모두가 이번이 처음

그러고 보니 수파르가 많이 달라졌다
우선 말수가 무척 줄었다
남의 일에 간섭하는 일도 없어졌고 화도 잘 내지 않는다
기도를 거르는 일도 거의 없고 술도 잘 마시지 않는다
사랑이 세상을 변하게 하는지
사랑이 사람을 변하게 하는지
사랑을 사랑해본 사람은 알리라

내일 잔치에 쓸 음식은 어떻게 되는지
야전사령관 띤의 한마디에 헝클어진 별빛도 일사불란
손님 맞을 준비는 다 되었는지
오렌지 나뭇가지 매달린 닭들도 초롱초롱

자정이 넘어도 동네는 들썩들썩 잠들지 않았고
달빛 그늘 아래 나도 수파르와 앉았다

보물처럼 바랑에 담아 꼭꼭 삭혀둔 소주 두 병
이제 더는 아프지 않으리라고
수파르 가슴 꽃자리에 꼭꼭
묻어 두었다

14. 아만다-3년 후

아만다가 많이 컸다
곧 세 번째 생일이 다가온다고 벌써 들떠 있다
보채는 일도 거의 없고
그렇게 좋아하던 과자며 빙수도 딱 끊었다

두 달 전,
나의 처형이자 아만다의 엄마는 재혼을 했고
십여 킬로 떨어진 옆 동네로 시집갔다
똘망똘망 아만다는 장모님께 남긴 채

그렇게 울며, 웃으며 시집갔다

아만다는 울지 않았다
누구를 찾지도 않았고 따라나서는 일도 없었다
말도 부쩍 늘었고 심부름도 잘 한다
장모님과 나의 집을 오가며 온갖 통신을 옮겨 온다
가끔 잘못된 통신으로 온 집이 유쾌하기도

갑자기 아만다의 엄마에게서 연락이 왔다
오늘 밤, 아만다를 잠시 보고 간다며 생일 선물도 샀다고
동네 옆 작은 원두막, 부루각에 데리고 오라 한다
쯧, 집으로 오면 될 것을
아만다를 데리고 나섰다

대나무로 엮은 작은 부루각
올망졸망 지붕 기와 숭숭한 틈새로
별들이 졸리는지 아만다도 졸리는지
별들이 왔다 갔다 아만다도 왔다 갔다

엄마가 섬 그늘에 굴 따러 가면

아가는 혼자 남아 집을 보다가
바다가 들려주는 자장노래에
팔 베고 스르르 잠이 듭니다

작가 노트) 연작시 1부터 6까지는 '진달래를 사랑하는 사람들'로 동인지와 첫 시집 『인도네시아』에 실렸으며, 전체 구성을 위해 재수록합니다.

4

화인火印

말끔히 단장한 담벼락 아래
시멘트 발자국이 깊게 패여 있다

하나,
둘,
셋,

일정한 중심선
그대로 굳어버릴까
황급히도 떠난 자리

사랑이 급했나 보다

건기의 축제

붉다는 게 좋아졌다
그래서 만남은 늘 불그레했을까

꽃잎 부겐빌레아 한 장, 한 장
몽고반점이 있었던 볼그레한 엉덩이 감추고
파파야잎에 수를 놓는 아이들

논두렁 깡마른 건기의 자국 따라
숨소리 긴 오후가 늘어서 있고
뿌뜨리, 잉카, 위디아, 설피, 올리브…….
공주로 불리면서 공주가 되기를 꿈꾸다
미리 그려둔 풀밭의 습자지 침대 속으로
하늘하늘 사라진다

담배밭으로 물을 대는
양수기 단발 엔진
매미처럼 내내 칭얼거리고

금세
파파야잎에서 날아오른 푸른 별사탕이 하늘을 가려준다

'꽃'의 기원

이곳
적도에 서면
꽃이 언제 피고 지는지
기다리는 내 몸만 달아있다

집 앞
나지막한 연못에 가득 찬
부레옥잠이 더욱 그러하다

어제는
셔벗으로 굽은 초승달에게서
당신 입술처럼 쉬 묽어지는 보랏빛 꽃을 보았다
새벽이면 서늘한 남보랏빛으로 둔갑하겠지
내일이면 송두리째 사라질지도 모를 꽃

늘 그렇듯
대나무 바지랑대에 걸린 옷에서도 꽃은
피었다 사라지고
건기와 우기의 미간에도 꽃은
사라졌다 피어나니

마치
내가 당신을 모를 때
피어있던 꽃처럼

균형에 대한 현실적 입장

내게도 닭이 생겼다
여섯 아이를 거느린 대가족이다
이들은 밤새 어미 품에서 잠들었다 깨어난 듯
아침이면 햇살 따라 춤을 춘다
어미 등을 미끄럼틀 타듯 들락거리기도
여기까지를 '낭만적'이라 하겠다

사실, 옆집 닭들이 내 집을 침범했으니
이 아침의 난민들을 순순히 받아주는 나는
휴머니스트 반열에 오르리라 생각했다, 또
부레옥잠이며 어린 토마토 새순만 골라 따먹어도
나는 눈감아줬다
이름도 지어줬다

하지만 저 온순한 난민들이 내 삶을 어지럽힌다
마치 내가 털어낸 삶의 비늘처럼
여기저기 똥을 싸놓고 날아가 버렸고
꼭꼭 묻어둔 사랑의 비밀마저
저들은 마구 파헤치고서도 당당하다
휴전이 없는 이 싸움

저들은 끝내 나를 온순하게 길들이겠지
나도 더 이상 저항하지 않을 것임을
사금파리 같은 적도의 햇살에게 맹세한다

지독히도 눈이 시린 아침

파파야를 위한 축원祝願

느닷없이 파파야 나무가 쓰러졌다
바람 한 움큼
단 한 번
날이라도 세운 듯
나무를 부러뜨리고 말았고
그제야 드러내는 나무의 속내를
읽었다

비어 있었다

나이테는 어디다 감추고?
바람이 나무를 만든다 하지 않았던가?*
참으로 야속하다

남국의 바람길 정도는 알만하다고
옮겨 심었는데
저토록 속을 비우며 옹기종기 열매를 달고 있었던 나무가
멀쩡하게 버티는 대나무 사이로 떠오르는
저녁달조차

야속하다

제 몸이 잘렸는지
아는지 모르는지
꾸역꾸역 흰 수액을 허방에다 뿌리며
땅을 꽉 부여잡은 밑동은
아직 팽팽했고

혈육인 듯 남은 잎으로 주섬주섬
더는 바람 들지 않도록
달그림자 씌워준다

* 이태관 詩人의 「나무」에서

파꽃

무슨 꽃을 좋아하냐고
누가 물어 온다면
막걸리가 더 좋다며 너스레 떨겠다고
마당에 우뚝 솟아난 짱돌에게 고백했다

사실, 나는 파꽃을 좋아한다
이방의 비탈에 그늘을 일궈 사는 내게 돌멩이란 흔한 일상, 하지만
한바탕의 우기는 세상을 초록으로 뒤집어놓고
떠나올 때 기억처럼 단단해진 돌만 남겨놓았다

만일 누가 파꽃을 좋아한다면
꽃은 언제 피며 모양은 어떻고 향기며
어떤 분별 있는 성질이 있는가 정도는 꿰고 있어야 할 법
그래야만 좋아할 자격이 주어진다면
애초 나는 파꽃을 좋아할 수 없다

내일이면 또 치워야 할 저 돌에게
그래서 막걸리를 들먹인 거라고 변명하고 싶다
그리고 모레쯤이면 나도 저 돌들로 지쳐 있겠지

햇살 긴 여름 어느 날
내 어머니도 지쳐
이제 먹을만한 건 다 거뒀다며 내버려둔 텃밭에서
서리를 미리 뒤집어쓴 채
파꽃이 피어 있었다

균형에 대한 현실적 입장 2

옆집 닭들의 대항마를 들여왔다
육상선수를 연상케 하는 쭉 뻗은 다리
두 옥타브를 넘나드는 울음소리는
튼튼한 경계를 세우기에 충분했다

그러나 사실은 달랐다
대나무로 지은 안락한 집까지 준비했는데
그들은 눈길조차 주지 않고
마당 앞 오렌지 나무로 날아오른다
모로 누운 당신 등에 착 달라붙듯
꺾이지 않을 시선만 꽉 부여잡고
잠을 자는지
내일을 기다리는 건지
공중부양 선승禪僧의 자세

그렇구나!
나야 그들을 위한 집이라고 선물했지만
나의 불순한 의도를 새의 직감으로 알아차렸나
제 손으로 열고 나올 수 없는 우주를 주고서는
그걸 집이라 우기는 내 잘못이

크다

외워지지 않는 이름들이 가지 끝에 걸려
별이 된 밤

풀을 베면서

여섯 달 만에 바뀌는 계절은
그래서 지난 계절을 아예 잊게 한다
당신을 마지막으로 본 게 언제였던가?

풀들도 납작 엎드린 가장 낮은 자세로
깃발처럼 바짝 세운 대만 바람의 통신에 맡기고서는
당신을 부른다
그런 풀을 베어낸다

초승달이 굽은 각대로 세운 날이
어디든 파고들어 삶을 베어냈다
촉촉했다

몇 달간의 건기를
아직은 더 살 만하다고
'습'濕을 가득 품은 풀들이
뿌리에 뿌리를 걸고
잎에다 잎을 엮어
버티는 저 초록의 결사항전 앞에서
잠시 머뭇거린 초보 '꾼'의 연민을

풀은 풀로써 끊어버린다
빛의 속도로 끊어버린다

엄지손톱 위로 선홍색 달빛이 흥건하다

연못가의 집

울음소리로 팽팽하다

조율이 잘된 새벽 새는
새의 족속 닭들을 이내 깨우고
닭은 또 옆집 아이들을 차례로 울린다

이제 지쳐 그친다 싶으면
그 옆집의 아이가 울고

반듯하게 잘라놓은 도토리묵 같은 논에선
경운기가

숲이 되기를 갈망하는 묵정밭에선
매미가 울고

울만 한 건 다 울었다 싶으면
모스크의 저녁 아잔*조차 배경이 된다

이때다 싶어 사랑 찾아 나선 개구리
울음으로 꽉 찬 밤

더 뱉어내지 못한 울음이 있을까

북으로 떠나지 못한 계절풍 빼곡히
망고나무 창밖에 매달려
달그림자 동무가 된다

* 아잔azan : 하루 중, 기도 시간을 알리는 소리 또는 외침, 이슬람교

따뜻한 동면冬眠

비가 멎고
수상쩍던 녹색의 밀림, 검게 그을린 부분마저 말라가면
집 앞 나지막한 연못에는
뻘이 뻘에 쌓여 누비이불처럼 펼쳐진다

마른 구름 위로 넓게 퍼지는 건기
붕어며, 미꾸라지 같은 뱀장어도 한 시절을 풍미했던 우주를 버리고
이내 이불 속으로 파고든다
이들을 찾아 나선 유쾌한 추격전이 시작되고

쫓아 나선 남정네들의 팔길이가 딱 어깨까지임을
그들은 유전인자에 담아둔 채로
잠들었다
내 조바심이 저들을 깨울 수는 없는 법
철따라 있는 동안거, 하안거라 하기엔
우주 밖이 소란스럽다

완전한 잠복을 꿈꾸며 잠든 생生을 잘 구울
마른 야자 껍질 타들어 가고

여기서 저기서 쑥쑥, 맨손의 월척을 꿈꾸기도 하지만
그리 쉬운 낚시가 아니라는 듯
맨손의 월척은 빈손의 월척이 되어도
배부르다

그림자 비늘을 벗기는 아낙들도
부푼 살점 같은 뻘의 흔적을 지우는 남정네도
오늘 밤은 참으로 따뜻한 동면이 되겠다

신新 심우도 1

소를 찾기란 어려웠다
흡사, 내가 당신을 찾아가는 길인지도
적도의 우시장에 펼쳐진 나를 만날 수도

어디에도 소는 있었다
몰이꾼의 추파에도
흥정을 붙이는 사내의 실룩거리는 입술에도
불립문자의 도가 넘쳐 났다

그 어떤 포기에도 용기는 필요한 법
불문不問의 소를 논하는 당신에게
내 운을 의탁하느니
차라리 지구 반대편 도박사에게 맡기리라

고삐에서 흘러나오는 붉은 하늘
소가 있다는 서쪽까지 번지려나?
만지작만지작 주머니 속
풍경風磬같은 청동방울을 백미러에 걸어둔다

이따금씩 소가 보였다 사라지고

차가 심하게 흔들릴 때마다
소가 울었다

소는 소를 떠나
울고 있었다

신新 심우도 3

한 달을 갓 넘긴
송아지
콧물 손수건 길게 달아주듯
목줄 걸어준다

저번 송아지 둘은
발리 공항서 그렇게 보낸 탓에
빈 목줄만
마른 탯줄처럼
주인 잃은 책상 위에 던져두었는데

풀이 모자라는지
잠이 오지 않는지

울음소리 간혹 들릴 때마다 당겨지는 목줄
아직 팽팽하다

해설

몰디브에서 부른 아픈 사랑과 치유의 노래

김재구

해설

몰디브에서 부른 아픈 사랑과 치유의 노래

김 재 구

Ⅰ) 들어가는 말

김주명 시인에게 있어 '떠남'은 한동안 인생이고 철학이고 삶의 이상향이었다. 첫 번째 시집 『인도네시아』를 2014년도에 출판하였으니 벌써 5년의 세월이 흘렀다. 첫 번째 시집의 시 「성가신 일상」, 마지막 행에서 시인은 "저는 내일 아침 몰디브로 갈 것입니다"라고 고백한다. 그리고는 고향 대구를 떠나 인도네시아 롬복에 정착한다. 그리고 「소나무 이민사」의 소나무처럼 살았다. 롬복에서 정착은 그의 인생에 있어 극적인 '환승'인 셈이다. 어느덧 5년이 지났고, 그는 몰디브에서 두 번째 시집을 완성했다. 하지만 그에게 있어 몰디브는 지리적 명칭이 아니다. 어쩌면 그에게 있어 인도네시아의 롬복은 상상 속 몰디브의 형상일지도 모른다. 그의 몸과 영혼이 한 장소를 떠나 새로운 장소에서, 새로운 인연을 만드는 그곳이 그에게 있어 몰디브였기 때문이다.

흥미로운 것은 그의 두 번째 시집 『바타비아Batavia 선禪』은 아이러니하게도 떠나온 곳에 대한 그리움과 회한을 그리고 있다는 것이다. 과거 그토록 사랑했던 여인에 대한 못다 한 사랑 이야기를 애절하게 노래한다. 동시에 시인은 사랑했던 여인에 대한 죄의식으로 서럽게 몸부림치기도 한다. 그의 온 삶이 방황하고 흔들린다. 이러한 시인의 절절한 사랑 이야기는 『바타비아Batavia 선禪』 곳곳에 잔잔한 슬픔으로 장식되어 있다. 롬복에서 새로운 삶, 그의 사랑은 더 이상 물리적으로 존재하지 않지만 사랑이었던 전 부인과의 이별, 그리고 잃어버린 사랑은 김주명 시인의 가슴에 아물지 않은 상처로 남아 여전히 그의 시상에 영향을 주고 있었던 것이다. 하지만 사랑의 아픔과 상처는 시를 통해 재생하고 부활하여 그의 시에서 보석처럼 빛나고 있다. 우리는 시를 읽을 때마다 곳곳에서 반짝이는 보석을 만나는 재미가 아주 쏠쏠하다. 이렇게 그의 두 번째 시집은 바로 "몰디브에서 부른 아픈 사랑과 그것의 치유 과정을 노래로 엮어 놓았다"라고 말할 수 있다.

김주명 시인은 이번 시집 『바타비아Batavia 선禪』을 통하여 사랑했던 사람과 이별의 아픈 상처를 꿰매고 치료하기도, 보듬기도 한다. 이러한 점에서 왜 그가 이번 시집의 제목을 『바타비아Batavia 선禪』이라고 했는지 어렴풋이 짐작할 수 있는 것이다. 이번 시집은 그에게 있어 '인도네시아 말로 꼬송[空]이 되어 버린 시인의 사랑 때문이다. 또 이국의 작은 섬에서 새로운 삶을 맞이하면서 인간 삶에 대한 근원적 의문을 보내고 또 답을 얻으려고 한다. 일종의 선문답이다. 물론 머리가 떨어져 나간 부처의 형상을 보면서 어쩌면 시인은 정답을 얻지 못할 수도 있다는 깨달음이 왔을 것이다. 그러하기에 시인은 더더욱 솟아오르는 질문들을 던져보지만, 그는 질문에 대한 답을 굳이 찾으려 한다기보다는 질문 던지기를 통하여 일종의 수행과 선禪의 세계에 닿아가고 있다. 그래서 그의 두 번째 시집은 인도네시아의 작은 섬, 롬복에서 그가 깨달아갔던 사랑과 인생에 대한 깊은 <詩的 명상집>이라고도 할 수 있다.

이러한 가운데 우리는 사랑하는 여인과의 아픈 사랑을 직접적으로 표현하지 않고 은유적으로 표현하려는 김주명 시인의 시적 경향을 맞닿게 된다. 이러한 의도는 김주명 시인의 아주 독특한 시 짓기 기술인데, 그의 시에 어떻게 녹아 있는지 본 해설에서 흥미롭게 살펴보자. 해설자는 이를 '다중의미기법'이라 부르기로 한다. 김주명 시인이 선택한 시어는 한 의미만을 함축하고 있지 않을 때가 많다. 예를 들어 이 시집의 제목이 『바타비아Batavia 선禪』인데, 왜 시인은 '자카르타 선'이라 하지 않고 굳이 '바타비아 선'이라고 했을까? 바타비아Batavia와 자카르타Jakarta는 인도네시아의 수도로 그 의미상의 차이가 거의 없다. 하지만 시인에게는 자카르타보다는 옛 수도 이름인 바타비아가 더 이국적이고 고풍적인 이미지를 더하여 주는 다중적인 의미를 가진 시어인 것이다.

또한 그의 많은 시에는 대명사 '당신'이 있다. 물론 시인 본인은 그 대상자가 누구인지 알 수 있을 것이다. 하지만 이 또한 독자에게는 다중의 의미로 해석이 가능하다. 당신은 그가 그토록 사랑했던 여인일 수도 있고, 혹은 다른 사람일 수도 있다. 또한 시인은 많은 시에서 의문형 문장을 자주 만든다. 그러면서 독자에게 끊임없이 질문한다. 선문답을 걸어온다. 시인은 굳이 어떤 하나의 답만을 기대하고 있지 않기 때문이다. 어쩌면 시인 본인도 그 답을 알지 못한다. 그래서 의문형 문장은 다중의 의미를 부여하고 있는 것이다.

다중의미기법은 그의 시 해석에도 사용이 된다. 그는 평소 생각하고 있던 사상이나 깨달음을 시의 어느 부분에 독립적으로 던져놓는 경향이 있다. 어떤 시구나 문장이 이웃하고 있는 행과는 전혀 연관성이 없어 보임에도 은유적으로 이를 붙여 놓는 경향이 있다. 그렇게 연결된 시구나 문장은 그 부분만 가지고도 의미를 파생한다. 굳이 본문과 연결하며 이해할 수도 있지만, 이럴 경우 독자들은 시 해석의 난해함을 느끼게 된다. 이 난해함은 평소 시인 자신이 이미 깨닫고 마음속에 깊이 새겨져 있는 시어이기 때문이다. 반면, 시와 완전히 분리해 그의 인생과 연결하여 읽어도 또 다른 의미로 온다. 시를 읽는 독특한 재미를 선사해주고 있는 것이다. 본 해설서는 후자에 더 무게를 둘 것이다.

예를 들어 김주명 시인이 모든 것을 종합하고 아름다운 결론에 다다른 부분을 보자. 시집 『바타비아Batavia 선禪』의 결론은 그의 첫 시 「自序」의 마지막 연에서 이렇게 드러난다.

> (전략)
> 오래토록 바라본다는 건
> 진정 사랑하는 일입니다.
>
> —「自序」에서

이 구절은 고립된 김 시인의 어두운 삶 가운데 그의 무수한 선문답에 하나의 모범 답안을 가져다 준 말이다. "오래토록 바라본다는 건/진정 사랑하는 일입니다."라는 부분을 시인의 인생과 연결해보며, 비록 사랑하는 여인은 바로 옆에 존재하지 않지만 자신이 지금까지 그토록 그리워하고 오래도록 바라보고 있다는 것 자체가 진정한 사랑을 하고 있음을 깨달은 것이다. 다시 말해, 그녀는 비록 시인의 삶에 더는 물리적으로는 존재하지 않지만 그녀에 대한 시인의 사랑은 영원히 아름답게 살아남아 있는 것이다. 그래서 더 이상 사랑을 버리고 또 얻고 하는 것에 고민할 필요가 없다. 어떤 현실적 상황에도 다시 떠오르는 아침의 태양처럼 사랑은 없어지지 않는 것이니까. 독자는 이 시집의 후반부에서 롬복에서 마음을 다잡고 밝은 새 삶을 시작하는 김주명 시인의 모습을 흥미롭게 만날 수 있다.

Ⅱ) 몸말

그의 두 번째 시집, 1부에서 우리는 김주명 시인의 선禪

세계를 접할 수 있다. 시인은 인도네시아의 여러 유적지를 돌아보고 명상하며 스스로에게 질문을 던지고 선문답을 하며 인생의 의미를 알고자 몸부림치는 모습을 보여주고 있다. 사실, 의미의 순서로는 잃어버린 사랑과 황당한 인생의 심로에서 괴로움에 몸부림치는 이야기인 2부가 먼저 오고, 여행을 하며 그 방황의 의미와 답을 찾으려 하는 1부가 뒤따라오는 것이 의미의 순서일 수 있다. 하지만 시인은 꼭 그렇게만 해석할 여지를 독자에게 주지 않고 의미를 다중적으로 해석할 여지를 주기 위해 순서를 바꾼 것으로 보인다. 먼저 그가 시집의 제목으로 가져온 표제시 「바타비아 선禪」을 보자.

카페 바타비아 앞 광장
꼼짝도 않는 광대, 피터 팬

살아 있는 내내
묵언의 수행

누군가 왔다
누군가 떠나가는
스스로의 고립

관객이 모두 사라지면
스스로 풀리는

생의 형벌

—「바타비아 선禪」 전문

이 시의 제목에서 '선禪'이라는 언어가 시사하듯이 김주명 시인에게 있어 삶이란 어쩌면 무언가를 깨닫기 위해 도를 닦는 과정이다. 그는 이 시집을 통틀어서 세 가지의 질문을 한다. 왜 그가 사랑을 했는지, 그런데 왜 그 사랑을 떠났는지, 또 무슨 인연으로 롬복에서 살게 되었는가, 라는 질문이다. 물론 시집 안에는 무수히 다른 질문으로 나타나지만 위의 세 가지로 그의 모든 질문을 요약할 수 있다. 이런 질문에 대한 해답을 찾으려 지독한 방황을 하며 삶의 의미를 찾아 길 떠나는 삶을 살아왔던 것이다. 그런 와중에 「바타비아 선禪」이 탄생한 것이라고 여겨진다.

인용시에서 1연과 2연까지는 의미가 무리 없이 흘러간다. 이미지도 무난하고 시어에 대한 이해도 전혀 어렵지가 않다. 하지만 3연부터 시가 갑자기 난해하여진다. "누군가 왔다/누군가 떠나가는/스스로의 고립" 이 시어들도 앞선 시어들과 연관하여 생각할 수도 있다. 하지만 그러면 시가 난해하여진다. 이를테면, 누군가 왔다가 누군가 떠나가는데 왜 그것이 "스스로의 고립"이어야 하는가 하는 점이다. 앞말과 의미 연결이 안 되는 것 같고 하늘에서 뚝 떨어진 시어같이 시 전체와 잘 안 어울리는 장식물 같게도 보인다. 시인은 왜 이 시어를 여기다 나열하였는지, 무슨 의미를 의도하였는지 해석이 힘들어진다. 이럴 때 이 시어를 독립시켜 그가 떠나왔던 고국과 그가 자초한 인도네시아에서의 고립된 삶을 떠올리면 이해가 아주 간단해진다.

이런 방식으로 표제시 「바타비아 선禪」뿐만 아니라 다

른 시들을 읽어나가면 시를 읽는 재미가 아주 쏠쏠해진다. 물론 독자가 김주명 시인의 삶을 모르면 이렇게 연결시킬 수 없는 난해함이 있지만, 조금이라도 그의 연애사를 아는 사람이라면 무릎을 '탁' 치게 된다. "스스로의 고립"을 실제로 롬복에서 고립되어 살고 있는 시인의 삶과 연관지어 이해를 한 후, 다시 마지막 연의 "생의 형벌"과 연관을 지으면 이 마지막 연의 해석도 어렵지 않게 된다. 그토록 사랑했던 여인을 떠나온 시인은, 어쩌면 그 여인에 대하여 죄의식까지 느끼고 있음을 직감할 수 있기 때문이다. 그 후 그가 겪는 고립된 인생의 질고를 시인은 어쩌면 하늘이 준 생의 형벌처럼 느끼고 있는 것이다. 이런 식으로 난해했던 부분을 작가의 인생과 연결하여 독립적으로 해석을 하면 이해가 될 여지가 생긴다. 시인 자신도 사실 이런 관계를 의식적으로 쓰고 있지는 않다. 무의식적으로 시어를 나열하고 있지만 그것이 해설자에게, 혹은 그를 잘 아는 독자들에게는 그의 무의식의 세계가 보다 더 그의 현실과 맞닿아 있음을, 마치 장기 두는 사람보다 옆에서 훈수 두는 사람이 수를 더 잘 보듯이 아주 쉽게 읽힐 수가 있다는 것이다. 이것이 그의 시어를 설명해주는 '다중의미기법'이다.

해설자도 김주명 시인의 인생사를 2018년 봄에 처음 알게 되었다. 당시 롬복에 있는 그의 집을 방문하게 되었고 그 일이 무수한 그의 연애사를 엿듣는 계기였다. 그리고 그 첫날 밤, 그는 오래된 기타를 하나 집어 들고 마치 피를 토하듯이 노래를 한 곡 불렀다. 김광석의 "너무 아픈 사랑은 사랑이 아니었음을"이었다. 이 노래를 들으면서 놀란 점은 그가 아주 긴 노래 가사를 다 외우고 있는 것이었다. 그리고 그가 이미 들려 준 사랑과 이별 이야기와 연결 되면서 더욱 더 그의 노래가 구슬프게 들려왔다. 그가 그토록 사랑했던 여인은 그의 전 부인일까? 그녀는 아직도 고국에 있는 사람이다. 김주명 시인이 그 사람을 못 잊는다기보다 그녀와 나누었던 그 아름답고 뜨겁고 가슴 아팠던 사랑을 못 잊는 것으로 생각하는 것이 옳다. 그 아름다운 사랑의 흔적이 그의 시 곳곳에 남아 있다. 그래서 시인의 삶을 조금이라도 겪어본 사람에게는 그런 시어들의 깊이가 쉬 이해될 수 있는 것이다. 이를 알면 김주명 시인의 이번 시집을 아주 재미있게 읽을 수 있다.

시인의 삶과 연관된 시어들은 「순다의 노래」 제2연, "뱃길 내내 품고 왔던 원죄原罪 같은 짐/햇살 검게 그을린 사내들 어깨를 빌려/내려놓는다"에서 "원죄 같은 짐"이 가지고 있는 메타포의 원관념에서 알 수가 있다. 사랑하는 여인을 두고 온 사실이 시인 자신에게는 "원죄"처럼 씻을 수 없고, 쉽게 없어지지 않는 짐처럼 그의 삶을 따라다닌다는 것이다. 그러면 「워노소보행行 1」의 3행부터 5행까지가 자연스레 이해가 된다. "언제쯤 나도 저리 편히 누울 수 있을까 산다는 것은 어쩌면 배낭 하나 채우는 일이기도 하겠다 두고 온 짐들이 뒷덜미를 더 무겁게 한다는 걸, 무엇이 나를 여기까지 몰고 왔나?" 이 부분도 굳이 전체 시와 엮어서 해석을 하려면 다소 난해하여진다. 연결이 잘 안 되고 암호 풀이를 해야 할 것 같다. 하지만 이 부분만 따로 떼어내서 그의 잃어버린 삶과 연관시키면 아주 읽기가 쉬워진다. 그는 떠남의 간편함을 이야기한다. 그렇지만 떠남은 훌쩍 마음대로 되겠지만 언제나 뒤에 두고 온 사랑했던 사람에게는 인생의 짐이 되어 뒷덜미를 아주 무겁게 한다는 것을 그는 깨닫고 있는 것이다. 그리고 무엇이 자신을 이렇게까지 몰고 왔는지 스스로에게 묻는다. 다시 선문답이다.

김주명 시의 다중의미기법과 의문형 문장은 서로 연결이 된다. 그의 시 가운데에는 '의문형 문장'이 곳곳에서 출몰한다. 거의 습관적이라고 해도 과언이 아니다. 이는 철학적인 관조의 자세를 가지고 있는 그의 생활 습성하고도 연관이 있다. 늘 인생의 답을 향하여 애절한 의문을 던지고 있다. 부처에게도 묻고, 예수에게도 묻고, 무수한 질문들을 누군가에게 던지며 살아왔던 것이다. 그의 질문들에서 독자는 그의 내면의 깊은 속을 들여다볼 수 있다.

예를 들어, 「사모시르 1」 2연에서 이런 표현을 보자. "사랑하는 이에게 사랑한다는 말 제대로 못 했고….그 후회의 날들….빗나간 삶의 화살…." 시인은 무의식적으로 이 글을 썼겠지만, 우리는 확연히 이 표현으로 그의 내적 심적 세계를 파악할 수 있다. 사랑하는 그녀에게 사랑한다는 말 제대로 못 하고 지금까지 흘러온 그의 삶은 아마도 '빗나간 삶의 화살'이라는 메타포로 감동적인 시적 표현이 된 것이다. 시인의 무의식의 세계가 이 부분에서 과거로 순간 이동을 하여 이 시어들을 이쯤에 쓰게 되었던 것이다. 이러한 상황을 「워노소보행行 2」의 3-4행에서도 나타난다. "여전히 나는 비탈길에 걸린 알지 못하는 소리를 붙들고 있다" 떠나는 왔어도 삶은 여전히 비탈길에 서 있는 것 같고 위태롭다. 아직 많은 말들을 듣고 읽고 해봐도 인생의 답은 찾을 수 없었던 상황을 묘사하고 있는 것이다. 「워노소보행行 4」의 마지막 행에 자신을 정신적으로나 육체적으로 정착하지 못하고 이국을 떠도는 '게스트Guest' 즉 손님이라 표현하는 것도 어찌 보면 당연하겠다.

「브로모 상像 2」 2연에서 시인은 이렇게 고백한다. "깨달음의 경계 같은 난간을 붙들고 있다 여기까지 가져온 동굴에서의 욕망이 발목을 부여잡지만…"이라는 표현에서 점차 무언가 인생의 의미가 알 듯 말 듯 해지고 있던 시인이 또다시 수행에 가까운 인생의 의문에 대한 답 찾기를 한다고 볼 수 있다.

「보로부두르 단壇 1」에서 시인의 내적 고민을 좀 더 들여다보자. 2연의 3행을 보면 "여기까지가 전생이고 저기까지가 현생이다 한 바퀴를 돌아도 현생이 전생이다" 앞선 시행과 연결을 시켜도 되고 사실, 아무 관계가 없어 보이기도 하다. 먼저 붙여서 의미를 만들면 보로부두르 단을 실제로 한 바퀴 돌면서 벽면의 그림을 볼 수 있는 구조임을 알 수 있고, 또한 수미산이라는 시어를 들여와서 이생과 전생을 나누는 이미지를 선행하는 지식으로 알고 둘러보지만, 실제적으로 그림의 어디까지가 전생이고 어디까지가 현생인지 구분을 잘 못 한다는 의미가 서려 있다. 동시에 이 부분에서 시인의 인생에 대한 묵상도 읽힌다. 지금 자신이 살고 있는 이 삶이 이후 다음 생의 전생이 되어 다시 태어날지, 혹은 이미 어떤 나쁜 전생이 있어서 지금 자신이 이렇게 고통스런 현생을 살고 있는지, 현생이 전생 같고 전생이 현생 같아 잘 모르겠다는 현실적 고민도 읽히고 있다.

그러나 「보로부두르 단壇 2」에서 시인은 부처에게서 어떤 답을 찾으려던 자신이 받은 충격을 이렇게 묘사한다. 1연을 보자 "머리가 없는 부처 앞에서/나는 말를을 잃어버렸다" 그리고 3연이다. "뜨거워진 설법 탓일까/남겨진 빈 생수 페트병/찌그러졌거나 밟혔거나/뚜껑이 없거나 또는/상표가 없는", 이 표현 또한 다중의미기법으로 설명이 된다. 실제로 목이 떨어져 나간 부처의 모습이 찌그러진 페트병의 이미지와 연관되어 측은함을 느끼는 시어로 의미 해석이 가능하다. 동시에 인간의 죽음과 연결하여 시인의 생의 비극적인 최후에 대한 무의식이 깔려 있는 것이다. 그에게 있어 그의 죽음은 마치 다 마시고 버려져 밟히고 찌그러진 페트 물병 같은 이미지인 것이다. 죽은 상태와 다르지 않았던 자신의 삶에 대한 메타포이다. 시인의 의식 세계 내부에 늘 존재하고 있었던 '죽음'의 그늘에 대한 두려움도 엿볼 수 있는 부분이기도 하다. 그리고 부처에게서도 어떤 답을 찾지 못한다면 어떻게 해야 할지 모르겠다는 방황하는 시인의 모습을 보여주는 시다.

이와 비슷한 메타포는 「사모시르 2」의 2연에서도 이렇게 보인다. "나도 살아 버틸 수 있다고 적도 한가운데 걸린 침엽수림/위로 빗방울은 쪼개지고 또 쪼개지기를 억만 번/먼 생의 종착점을 알기라도 한 듯" 시인은 자신의 삶의 최후까지도 바라보고 있다. 이는 같은 시 4연에서 이렇게 표현된다. “이때쯤 생의 모서리에 묶인 끈을 좀 놓아도 되겠지” 지독한 생의 고립과 죄의식으로 점철된 그의 삶을 바라보면서 어쩌면 죗값을 죽음으로 받아야 되지 않을까, 라고 생각하는 시인의 무의식의 세계를 엿보게 된다. 한동안은 인생의 극단을 치닫고 있었던 그의 어두웠던 인생살이를 엿보게 된다.

그래서 「낀따마니 혈穴」 1행에서 “조등弔燈 같은 별빛이 켜지면” 시인은 자신의 인생에 또다시 조등을 켠다. 죽음의 메타포다. 같은 시 마지막 연 “가라앉지 않는 당신, 그림자/총총한 별빛에 떠밀려/물결의 층계를 밟고 있다”에서 그의 죽음의 이미지 배후에 존재하는 “당신”을 여기서 표현하고 있는 것이다. 시인이 고국에 두고 왔던 사랑했던 여인에 대하여 죽음만큼이나 죄의식에 시달리고 있음을 살필 수 있는 시구들이다. 제2부, 「하루」의 뒷부분에서 시인은 이렇게 말한다. “한 번의 순종이거나/한 번의 순교/한 번의 꿈”이라고. 그의 죽음의 메타포를 종교적인 순교의 이미지와도 연결하고 있는 것이다. 2부의 첫 시인 「꼬송kosong」은 위의 생각을 잘 뒷받침하여 준다.

> 이제까지
> 있다 없으면 이곳에선
> '꼬송'이라 한다
>
> 사실, 꼬송은 비었다는 뜻이다
> 비어있다는 공空의 철학이 바다 건너 먼저 왔을 수도

내 주머니도 텅 빌 때가 많으니
꼬송이 맞겠다, 그럼

채워지기 전까지도 꼬송이 될 수 있겠네

그렇다면 나는
갑자기 정전이 된 오늘 밤처럼
당신과의 느닷없는 이별을
텅 빈 기다림

'꼬송'이라 부르기로 하겠다

—「꼬송kosong」 전문

이 시의 뒷부분에 나열되어 있는 시구들이 강렬하다. 특히 "당신과의 느닷없는 이별을/텅 빈 기다림/ '꼬송'이라 부르기로 하겠다"는 여전히 그의 마음 한가운데 있는, 절절히 사랑했던 전 부인에 대한 애절한 사랑을 엿볼 수 있는 부분이다. 꼬송인 채로 무수한 시간을 홀로 롬복에서 견디었던 작가의 고독하고 힘들었던 무의식의 세계가 멈칫 보이는 부분이다. 역시 다중의미기법으로 의미 해석을 해야 하는 부분이다. 시인에게 있어 '당신'의 이미지는 「중독中毒」의 마지막 두 연에서 이렇게 표현된다. "이모티콘 안에서 늘 웃고 있는/크레바스를 닮은 그녀/입술", 즉 갈라진 입술로 피곤해 보이지만 웃고 있는 그녀의 모습을 연상하게 된다. 「촉」에서는 그녀에 대한 그리움이 이렇게 묘사되어 있다. "남국의 너무 달빛 밝은 어제는/두고 온 그대 생각/날 선 빛으로 뚫고 나올까" 그리고 「소리 공양

供養」에서 그녀와의 사랑을 다음과 같이 묘사한다.

(전략)
내가 당신에게 다가설 때
심장 뛰는 소리마저 민망했는데
마치 저들은 모르는 듯
나를 젖게 하고 있다

이 소리를 모두 모아 사랑이라 적어두자
곧 있으면 당신이 깨어날 시간

—「소리 공양供養」 에서

심장 뛰는 소리마저 쑥스럽고 가슴 떨렸던 첫 사랑에 대한 아련한 기억이 엿보이는 시다. 그리고 「먼 산」에서는 이렇게 말한다. "내가 그대를 돌아선 지 얼마였던가요?/이제 먼 산을 돌아서면/나의 배경이 되어줄까요, 마치 그대처럼?/ 오늘은 그대가 먼 산입니다" 시인의 내부에서 똬리를 틀고 앉아 있는 그녀에 대한 사랑과 그리움이 아주 깊고 굵게 읽히고 있는 부분이라고 할 수 있다.

하지만 「어떤 번제燔祭」의 첫 행에서 시인은 "사랑에도 쓸모의 한계가 있다"는 것을 "비닐봉지를 줍다가" 처음 깨닫기 시작한다. 같은 시의 마지막 행에서는 "사랑을 들이키다 울컥한 기억도/가볍게 날아간다"라는 표현으로 보아 시인은 격정적이었던 사랑과 그 연인과 아픈 기억들조차 텅 빈 비닐봉지에 담아 날려 보낸다. 그런 그녀와 사랑의 관계를 다음 「요가에 대한 짧은 보고서」에서 시인이 어떻게 정리를 하고 있는지 살펴보자.

마디와 마디 사이
간극을 늘이는 게
요가의 수련법이다, 마치
당신과 나 사이 존재했었던
종합선물세트 같은 감정을 부풀게 한 다음
둘 사이를 멀게 한다

그렇게 서로를 단련시키는 것이다

너무 멀게 하지도 않는다
그래서 요가는 선線이 되기도 한다
실핏줄 같은 선들을 타고
전두엽까지 도달한 통증은
깊은 강물처럼
내 마음을 몰고 다니기도

이때쯤 요가를 사랑이라 하자
통풍인 듯
스치기만 해도 아픈
그렇게 아프지 않는 사랑이 없듯
둘 사이 이는 바람이 잠잠해지나 싶으면 어느새
요가는 벌려놓는다

나를 단련시키고 있다

—「요가에 대한 짧은 보고서」 전문

어떤 해설도 필요 없이 그 의미를 즉각적으로 느낄 수 있는 시다. "당신과 나 사이 존재했었던/종합선물세트 같은 감정을 부풀게 한 다음/둘 사이를 멀게 한다" 시인에게 있어 당신으로 표현되는 그녀와의 사랑은 마치 여러 가지 맛을 다양하게 느낄 수 있었던 종합선물세트였던 것이다. 그런 사랑과 헤어지고 난 다음 지금도 그 사랑을 잊지 못하고 그리워하는 시인의 내면을 바라보게 된다. 4연에서 "그렇게 아프지 않는 사랑이 없듯"이라고 표현하고 이를 마지막 연에서 "단련"이라 쓴다. 사랑의 아픔만큼 자신이 성숙해감을 느끼고 있음을 말하고 있는 것이다. 그러나 「바다 요가」에서 독자들은 시인이 점차 그리워했던 여인과의 오랜 기다림과 아픔을 정리하고 마무리하기 시작함을 엿보게 된다. 마지막 두 연에 이렇게 표현되어 있다.

이제 놓아야 할 때임을 직감한다
차마 놓지 못하는 내가
은사시나무 떨리듯 서걱일 때쯤
요가는 입 닫고

창 닫고 만다

—「바다 요가」 에서

시인은 이제 그렇게 질긴 인연과 사랑을 놓아야 할 때라고 독백하고 있는 것이다. 「이슬 스타카토」에서는 이런 심정을 "사라지는 미학"이라고도 표현한다. 그리고 마지막 연에서 "당신의 빈자리 찾아 더듬는 일/풀 같은 미련을 키우는 일이라고/딱 이슬만큼/풀이 자란다"라고 표현하면서. 그렇다. 오래 전 고국에서 사랑했던 여인을 떠난 것은 어쩌면 사라짐의 미학일 수 있다. 그래서 "당신의 빈자리 찾아 더듬는 일"은 시인에게 있어 어쩌면 이미 떠나 버린 임을 다시 찾으려 하는 "풀 같은 미련"일 수 있다. 풀은 세상에서 가장 값이 없고 가치 없는 존재라고 가정했을 때, 지금 새롭게 롬복에서 보금자리를 만들었고 가정을 꾸린 이상 당신의 빈자리를 계속, 아무도 몰래 찾는 일은 무가치한 일일 수 있다.

「행복은 어떻게 찾아오는가?」에서 시인은 진지하게 참된 행복은 무엇인지를 스스로에게 묻는다. 같은 시 10행에서 시인은 "차라리 수행修行에 가깝겠다"라고 말한다. 그리면서도 또 자신에게 묻는다. "내가 당신에 대해 생각하지 못한 게/또 없었나?" 그녀와 연관하여 삶을 살아가는 한 자신에게 행복이 있을 수 없다는 깨달음이 들기 시작하는 시인의 내면이 보이기 시작한다. 「자폭自爆」이라는 시의 마지막 행에서, 인생 별거 없음을 이렇게 표현한다. "그게 전부다" 무언가 인생과 사랑이란 것에 대단한 의미가 있을 것 같지만 사실, 그렇지도 않다는 것이다. 그리고 그의 시 「워노소보행行 5」에서 시인은 롬복에서 새 삶을 다음과 같이 묘사한다.

내가
나도 모르는 시간에
누군가 나를 위해 기도하였고

내가
나도 모르면서
당신을 사랑한다고 덜컥
주저앉아버렸답니다

—「워노소보행行 5」에서

롬복에서의 새로운 인연, 지금의 아내와 새 삶을 이야기하고 있다. 이 새로운 인생으로 잠시나마 그의 생의 울음은 멈춰질 수 있었다. 그리고 3부에서 시인은 롬복의 꼬빵Kopang 마을의 새로운 삶과 함께 만난 사람들에 대하여 한 명, 한 명 묘사를 하면서 생의 소설을 써 내려가듯 보여준다. '나 이렇게 잘 살고 있었어요!'라고 하는 시인의 마음을 보여주는 시들이 많이 쓰여 있다. 그중에서 수파르에 대한 이야기가 재미있다.

사람들은 그를 싫어한다
아니, 무서워한다
금식을 안 지키는 것은 물론
늘 브럼을 달고 다니며
돌 같은 직구로 남의 일에 간섭하니
그와 마주치면 밤길도 움찔!

말레이시아에서도 살았고 수마트라에서도 살았다
그때마다 아내와 아이가 있었고 지금은
혼자서 자유하고 있다, 일도 하지 않는다
그래도 남이 대충 하는 일은 그냥 못 본다

그때마다 사람들은 그에게서 멀어졌다
수군거리며 멀어졌다

요즘 그가 하는 일이라곤
오른쪽 가슴에 일찍 핀 꽃문신을 지우는 일이다
늘 자랑으로 달고 다니던
검고 탄력 있는 가슴 꽃을
지금은 돌로 빡빡 문지르며 칼로 긁어내고 있다
꽃잎이 한 잎 두 잎 사라진 자리에는 찔끔 게워내는
눈물도
이 꽃이 모두 지면
결혼을 약속한 그녀가 오기로 했다고 한다
그때는 가슴 속에 꽃을 피울 것이다

아프지도 않다 한다 그래서
사랑은 아프지 않을 것이다
—「담배꽃을 사랑하는 사람들—2. 수파르」 전문

수파르의 삶을 보면서 아마도 시인은 자신의 삶을 투영하고 있는 듯하다. "말레이시아에서도 살았고 수마트라에서도 살았다/그때마다 아내와 아이가 있었고 지금은/혼자서 자유하고 있다, 일도 하지 않는다/그래도 남이 대충 하는 일은 그냥 못 본다" 고국에서 가정을 꾸리며 살다 롬복에서 정착하여 잘생긴 아들도 한 명 낳고 멋지게 살고 있는 시인의 가정사를 떠올리게 하는 구절이다. 수파르가 보이는 문신을 지우고 있다면, 시인의 마음에 아직도 존재하고 있던 어두운 과거가 새 삶을 위해 지워야 할

문신으로 남아 있는 것이다. 인생 가운데 새롭게 "결혼을 약속한 그녀가 오기로 했기" 때문에 마지막 행에서 더 이상 사랑 때문에 아파하지 않을 희망도 보인다. 13. 수파르–마지막회에서 시인은 이렇게 묘사한다. "사랑이 세상을 변하게 하는지/사랑이 사람을 변하게 하는지/사랑을 사랑해본 사람은 알리라" 무언가 긍정적으로 변하고 있는 시인 자신을 노래하고 있다.

본 시집 4부의 「파꽃」의 2연에서 시인은 자신의 삶을 이렇게 정리한다. "사실, 나는 파꽃을 좋아한다/이방의 비탈에 그늘을 일궈 사는 내게 돌멩이란 흔한 일상, 하지만/한바탕의 우기는 세상을 초록으로 뒤집어놓고/떠나올 때 기억처럼 단단해진 돌만 남겨놓았다" 우기 때 비는 정말 견디기 힘든 존재이지만 우기가 끝나면 초록의 새로운 생명들을 만들어낸다. 그는 단단한 돌멩이 같던 떠나올 때의 마음이 어느새 세파에 깎이고 다듬어진 돌이 되어버린 시인 자신의 자화상을 보고 있는 것이다. 그리고 「신 심우도 3」에서 "울음소리 간혹 들릴 때마다 당겨지는 목줄/아직 팽팽하다"라며 이제 롬복에서 소 키우는 일로 생계 문제도 해결하며 희망에 차 살아가고 있는 자신의 삶을, 건강하여 쉬 죽지 않고 목줄 팽팽한 어린 송아지를 빗대어서 묘사하고 있다.

Ⅲ) 나가는 말

김주명 시인의 깨달음과 시집 『바타비아Batavia 선禪』의 결론은 그의 「自序」에서 알토란처럼 잘 그려져 있다.

인도네시아에 살면서
떠오르는 해를 바라보는 일이 많아졌습니다.

떠오르는 해를 오래, 아주 오래 바라다보면
발리, 낀따마니 호수의 고요 속으로 빨려들기도
브로모 화산의 숨소리를 듣기도 했습니다.
보로부두루 사원의 머리 없는 부처님 위로
해는 떠올랐습니다.

제가 사는 린자니산 칼날의 능선 위에도
햇살은 거침없이 펴져 나갑니다.
밀림의 초록 그늘을 찾아
햇살을 잠시 피해보기도 하지만
떠오르는 해는 저를 포기하는 법 없이
바라보고 있었습니다.

오래도록 바라본다는 건
진정 사랑하는 일입니다.

—「自序」 전문

첫 연에서 시인은 말한다. "인도네시아에 살면서/ 떠오르는 해를 바라보는 일이 많아졌습니다." 이제 고통과 가슴 아픈 이별의 심로를 거쳐 그의 인생에서 떠오르는 해가 보이기 시작하는 것이다. 치열한 선문답의 끝에 그는 마음속에서 밝게 떠오르는 해를 깨달음과 기쁨의 은유(메타포)로 표현하기 시작한 것이다. 이 해는 "보로부두루르

사원의 머리 없는 부처님 위로/해는 떠올랐습니다."라고 한 데서 절정을 이룬다. "머리 없는 부처님 위"라는 시구는 어떤 메타포도 생각하지 않고 즉, 의미를 부여하지 않고 읽어도 무난하다. 여기에 어떤 의미를 부여하려면 다소 난해하고, 시의 본문과 어떻게 연결하여 이해하여야 하는지 어려울 수 있다. 하지만 이럴 경우 그의 다중의미 기법에 의지하여 따로 이 부분만 분리하여 이해하면 된다. 시인이 표현하듯이 스스로 잃어버린 머리를 찾아올 수 없는 돌부처는 어쩌면 자신의 질문에 원래부터 답을 줄 수 없는 존재였는지도 모른다. 그렇다고 애꿎은 돌부처에게 답을 주지 않는다고 불평할 필요도 없음을 시인은 깨달은 것이다. 시인은 자신의 내부에서 오랫동안 지독한 고민과 번민을 겪으며 인생의 의미를 스스로 터득하여 버린 것이다. 머리 없는 부처님 위로 해가 떠오르는 장면은 시인의 인생의 또 다른 전환기를 가리키는 단단한 메타포인 것이다.

다시 말해 김주명 시인이 인생에서 해와 같은 해답을 하나 얻었다면, 이는 마지막 연에 쓰여 있다. "오래도록 바라본다는 건/진정 사랑하는 일입니다."라는 구절에서 발견할 수 있다. 비록 사랑하는 여인은 떠나고 없지만 자신이 지금까지 그토록 그리워하고 바라보고 있다는 것 자체가 진정한 사랑이었다는 깨달음이 온 것이다. 비록 그녀와 내 옆에서 물리적으로 함께 생물적 사랑을 나누고 있지 않아도 이렇게 그녀를 오래도록 바라보고 있다는 그 사실이, 바로 그가 그녀를 진정으로 사랑하고 있다는 것이다. 그리고 그 사랑은 끝이 난 것이라기보다는 보다 더 거룩한 사랑으로 승화되고 영원할 것이라는 결론에 도달한다. 그래서 이 시는 마치 한용운의 「님의 침묵」을 연상하게 하는 시이기도 하다. "님은 갔지만 님은 가지 않았다"는 것이다. 그의 내부에서 진정으로 사랑이 무엇인지 알게 된 것이다. 비록 오랜 시간이지만 그는 떠오르는 해를 바라보듯이 그녀를 멀리서라도 계속 바라보고 있다. 밝은 해같이 떠오르는 밝은 그녀의 얼굴과 진정한 사랑을 자신의 내부에서 느끼고 있는 것이다. 이제 인도네시아의 작은 섬, 롬복에서 마음을 다잡고 새 삶을 시작하자며 인생의 작은 결론에 다다른 시인의 모습을 우리는 이 시집에서 만나고 있다.

주) 글쓴이 김재구 박사는 뉴욕, 롱아일랜드대학에서 영문학을, 루이지애나 주립대학에서 언어학을 전공하였다. 현재 시나르마스 국제학교 교감으로 재직 중이며, 한국문협 인도네시아지부 회원이다.

국립중앙도서관 출판예정도서목록(CIP)

바타비아(Batavia) 선(禪) : 김주명 시집 / 글쓴이: 김주명.
-- 서울 : 북랜드, 2018
p. 136 ; 13×21cm -- (형상시인선 ; 20)

ISBN 978-89-7787-808-2 03810 : ₩10000

한국 현대시[韓國現代詩]

811.7-KDC6
895.715-DDC23 CIP2018029105

형상시인선 20 김주명 시집
바타비아Batavia 선禪

인쇄| 2018년 9월 15일
발행| 2018년 9월 20일

글쓴이| 김주명
펴낸이| 장호병
펴낸곳| 북랜드
06252 서울 강남구 강남대로 320 황화빌딩 1108호
대표전화 (02) 732-4574 | (053) 252-9114
팩시밀리 (02) 734-4574 | (053) 252-9334

등 록 일| 1999년 11월 11일
등록번호| 제13-615호
홈페이지| www.bookland.co.kr
이-메 일| bookland@hanmail.net

책임편집| 김인옥
교 열| 배성숙 전은경

ISBN 978-89-7787-808-2 03810
값 10,000 원